CONSERVANDO Y RECUPERANDO CLIENTES

Oportunidades para calidad y procesos

Luis Enrique Díaz H.

CONTENIDO

Prefacio..2
Introducción..3
Los clientes no aprecian la empresa, sus productos y servicios....4
Quejas constantes sobre los productos y servicios 23
Clientes que abandonaron la empresa..41
El camino de la calidad 59

Luis Enrique Díaz H.

PREFACIO

Uno de los elementos más importantes para las empresas son sus clientes; por este motivo, las organizaciones deben realizar cualquier esfuerzo que sea necesario para conservarlos y recuperarlos. Sin embargo, existe la posibilidad de experimentar incidentes y conflictos que dificulten la relación con los clientes; estas situaciones surgen de la diversidad en las expectativas que tienen los clientes y las posibilidades de las empresas para brindarles los productos y servicios que los puedan satisfacer.

No es posible encontrar una solución única y perfecta para los diversos conflictos que surgen entre las empresas y los clientes; sin embargo, la Ingeniería de la Calidad y Procesos surgió como parte de los esfuerzos para encontrar soluciones en la satisfacción de las expectativas de los clientes. La contribución de este campo ha sido tan relevante que con el paso del tiempo ha ganado mayor atención por parte de las empresas.

En este material busco poner a su alcance algunas alternativas para solucionar problemas con sus clientes, estas alternativas están basadas en las herramientas de ingeniería que se han aplicado exitosamente a lo largo del tiempo.

INTRODUCCIÓN

En este libro se abordan tres puntos específicos que las empresas pueden enfrentar y que les representan un reto para conservar y recuperar clientes:
- La falta de aprecio del cliente con respecto a las empresas que le brindan Productos y Servicios
- Las quejas constantes sobre los Productos y Servicios
- Los clientes que abandonaron a la empresa

Cada uno de los puntos previamente listados se aborda en este libro, incluyendo algunos elementos que pueden estar relacionados con sus causas y soluciones; además, cada punto va acompañado de estrategias que se pueden implementar en una empresa. Es importante señalar que estas estrategias son una referencia y cada organización puede modificarlas para ajustarlas a sus necesidades.

LOS CLIENTES NO APRECIAN LA EMPRESA, SUS PRODUCTOS Y SERVICIOS

El aprecio que los clientes demuestran está basado en la percepción que tiene de las empresas, sus productos y servicios. Para que los clientes elaboren un juicio justo, la empresa debe procurar claridad y acuerdo con ellos en tres puntos principales:
- Las características de la calidad de la empresa
- La definición de productos y servicios ofrecidos por la empresa
- Los productos y servicios entregados

Las características de la calidad de la empresa

La empresa debe definir, con claridad, aquellas características que definen su calidad. Estas características deben ser valiosas para los clientes y la empresa debe hacerlas realidad en sus productos y servicios. Las características de la calidad de la empresa son afines con el negocio al que se dedica; además, brindan a los clientes una idea general de los beneficios que recibirán de la empresa. La mejor forma de comprender este concepto de "Características de la calidad" es a través de ejemplos:

Rubro	Características de la calidad
Restaurant de lujo	Sabor exquisito, ingredientes selectos, presentación refinada
Comida rápida	Velocidad en el servicio, ubicación conveniente, horarios de servicio extendidos
Botanas	Listos para consumo inmediato, bajo contenido calórico, porciones generosas
Servicios de educación presenciales	Atención directa de profesores, actividades complementarias (cultura y deporte), experiencias enriquecedoras con otras organizaciones (empresas y gobierno)
Servicios de educación por Internet	Amplia disponibilidad del servicio (7 días de la semana 24 horas), flexibilidad en temas y sesiones de estudio,
Autos de lujo	Tecnología innovadora, comodidad, diseños refinados, atención personalizada, potencia
Autos económicos	Bajo consumo de combustible, mantenimiento accesible, operación sencilla
Autos para trabajo	Amplio espacio interior, integración con herramientas de trabajo, resistencia

Como se puede ver en el ejemplo, las características de la calidad son simples, están enunciadas en frases sencillas y en ocasiones basta una palabra o dos para definirlas con claridad. Cuando una empresa busca definir las características de su calidad puede hacer un ejercicio simple completando enunciados como los siguientes:

- Mi empresa es de calidad porque sus productos/servicios son: _____
- Mi empresa es de calidad porque sus productos/servicios están: _____
- Mi empresa es de calidad porque sus productos/servicios tienen: _____
- Mi empresa es de calidad porque sus productos/servicios brindan: _____

El ejercicio propuesto es sencillo y útil; en él se pueden identificar tantas características de la calidad como la empresa desee. Sin embargo, es importante recordar que la existencia de múltiples objetivos dispersará esfuerzos y recursos, dificultando su cumplimiento. Algunas empresas prefieren concentrarse en pocas características de la calidad, con esto, buscan incrementar las probabilidades de éxito.

Para que los clientes valoren las características de la calidad, es necesario que estas sean afines con sus propias expectativas; esto requiere comunicación constante entre la empresa y sus clientes. La comunicación le permitirá a la empresa resaltar los puntos comunes, negociar algunos donde tiene margen de maniobra y aclarar oportunamente aquellos que no resulten viables.

CONSERVANDO Y RECUPERANDO CLIENTES

La organización debe definir una estrategia para establecer las características generales de sus productos y servicios; logrando que sean entendidas por los clientes y que tengan afinidad con sus expectativas. Una estrategia de este tipo puede basarse en un Acuerdo de Características de la Calidad; dicho acuerdo puede considerar puntos similares a los siguientes:

1. Los dirigentes de la empresa harán un ejercicio de reflexión y elaborarán un listado, conteniendo las características que consideran valiosas y que quieren ofrecer con sus productos y servicios.
2. Los dirigentes de la empresa buscarán a sus clientes para dialogar con ellos sobre el listado de características elaborado. Tomarán nota sobre:
   - Las características listadas que los clientes consideran valiosas.
   - Características no listadas que los clientes proponen y consideran valiosas.
3. Los dirigentes de la empresa volverán a reunirse después de dialogar con diversos clientes, reflexionarán sobre la retroalimentación obtenida y elaborarán una lista final; esta lista contendrá las características que clientes y dirigentes de la empresa consideran valiosas y viables para la empresa. Los dirigentes de la empresa redactarán un "Acuerdo sobre las Características de la Calidad", este acuerdo consistirá en un pequeño texto donde la organización expresará su firme intención de cumplir las características contenidas en el listado final. Se recomienda que en este acuerdo se incluyan solo las características que la empresa y sus clientes consideren más importantes; sin embargo, tienen la libertad de incluir tantas características como deseen.
4. Los dirigentes de la empresa emprenderán actividades para difundir el acuerdo establecido; la difusión tiene el propósito

de dar a conocer el acuerdo entre clientes y miembros de la empresa. La difusión del acuerdo brindará a los clientes una idea general de lo que pueden esperar de la empresa y los miembros de la organización estarán enterados de las características que deben cumplir. Las siguientes actividades se pueden emprender para la difusión del acuerdo:
- Incluir el acuerdo en el portal de la empresa.
- Imprimir el acuerdo en carteles y colocarlos dentro de las instalaciones de la empresa.
- Incluir el acuerdo en la papelería de la empresa.
- Realizar sesiones con el personal para presentarles el acuerdo.

Es importante que las características valiosas incluidas en el acuerdo sean viables para la empresa, de esta forma podrá cumplirlas y brindará satisfacción a sus clientes. Por otro lado, el incumplimiento en las características establecidas en el acuerdo generará decepción en los clientes, dañando el aprecio que sienten por la empresa.

En este tipo de estrategias, dedicadas a determinar las características de la calidad, se presentarán varios escenarios:
- Los clientes descubren las características valiosas que la empresa ofrece.
- Los dirigentes de la empresa conocen aquellas características que son apreciadas por sus clientes.
- Los dirigentes de la empresa identificarán los puntos en común con sus clientes.
- Los dirigentes de la empresa buscarán negociar y conciliar los puntos de desacuerdo con sus clientes.

CONSERVANDO Y RECUPERANDO CLIENTES

El establecimiento de las características de la calidad es un primer esfuerzo para lograr el aprecio de los clientes. En esta acción la empresa conoce más a sus clientes y manifiesta su intención por cumplir sus expectativas. Este acercamiento es un paso importante para que los clientes aprecien a la empresa.

La definición de productos y servicios ofrecidos por la empresa

Una parte importante del aprecio que los clientes desarrollan por la empresa se basa en los productos y servicios que esta ofrece. Cada uno de los diferentes productos y servicios de la empresa debe contar con características que sean importantes para los clientes; de esta forma se convertirán en un elemento de aprecio.

Los productos y servicios son unidades en las cuales se aplica, de forma directa, el trabajo de la empresa para satisfacer a un cliente. Debe existir claridad en las características de cada uno de estos productos y servicios; aún antes de elaborarlos y entregarlos a los clientes. La claridad permitirá a los clientes apreciar los productos y servicios antes de recibirlos, esto también les permitirá tomar una decisión de compra adecuada.

La empresa puede recurrir al diseño, para establecer y comunicar las características de sus productos y sus servicios. El diseño consiste en plasmar una idea con herramientas y mecanismos que permiten a todos entenderla de la misma forma.

La empresa debe escoger las herramientas de diseño que le permitan ilustrar y comunicar adecuadamente las características relevantes de sus diferentes productos y servicios. Algunos ejemplos son los siguientes:

CONSERVANDO Y RECUPERANDO CLIENTES

Característica	Herramienta de diseño
Opciones de pago flexibles	• Guiones de situaciones y actividades a realizar. • Textos y simulaciones de protocolos e instrucciones. • Bosquejos de documentos y formatos
Garantías y servicio postventa	• Guiones de situaciones y actividades a realizar. • Textos y simulaciones de protocolos e instrucciones. • Bosquejos de documentos y formatos
Tiempos de espera y plazos de entrega cortos	• Guiones de situaciones y actividades a realizar. • Planes de actividades y cronogramas. • Textos y simulaciones de protocolos e instrucciones.
Presentación del producto, aspecto innovador y parámetros de estética	• Prototipos, maquetas y moldes. • Planos, dibujos y diagramas.
Facilidad de uso y mantenimiento	• Prototipos y maquetas • Guiones de situaciones y actividades a realizar • Textos y simulaciones de protocolos e instrucciones

Característica	Herramienta de diseño
Bajo consumo de recursos	• Prototipos y maquetas • Simulaciones de operación • Instrucciones
Durabilidad prolongada o resistencia alta	• Prototipos y maquetas • Simulaciones de operación
Tipo de acabados	• Prototipos, maquetas y moldes • Planos, dibujos y diagramas • Muestras de materiales y unidades semiprocesadas
Dimensiones, peso y atributos físicos	• Prototipos, maquetas y moldes • Planos, dibujos y diagramas • Fichas técnicas de materiales y materias primas
Uso de materiales específicos	• Prototipos, maquetas y moldes • Planos, dibujos y diagramas • Muestras de materiales y unidades semiprocesadas • Fichas técnicas de materiales y materias primas

La empresa debe hacer un esfuerzo para que las características importantes de cada producto y cada servicio sean conocidas por sus trabajadores y por sus clientes.

Los trabajadores que conocen las características importantes de un producto, tendrán mayor capacidad de elaborarlo cumpliendo con ellas; así mismo, los trabajadores que conocen las características importantes de un servicio, tendrán mayor

referencia para brindarlo acordemente. Este entendimiento de los miembros de la empresa, les permitirá generar dos contribuciones:
- Entregar los productos y servicios que ofrecidos por la empresa.
- Identificar condiciones que impiden la entrega de los productos y servicios ofrecidos a los clientes.

Los clientes informados de las características importantes de los productos y servicios podrán dar su preferencia con mayor seguridad; estos clientes también serán más exigentes al momento de recibir productos y servicios, esto se debe a que compararán lo que recibieron con lo que se les ofreció y distinguirán con claridad las inconsistencias. La exigencia de los clientes tiene un efecto positivo para la empresa; con ella se generará una vigilancia constante sobre los resultados entregados, identificando las oportunidades de corregir un mal funcionamiento y reconociendo los resultados que han cumplido satisfactoriamente con las expectativas.

Las características de los productos y servicios ofrecidos deben ser afines con aquellas que definen la calidad de la empresa; esto permitirá que cada producto y servicio ofrecido contribuya para que los clientes aprecien a la empresa. Cuando las características de los productos y servicios no tienen afinidad con aquellas que definen la calidad de la empresa, se genera una confusión que afecta a clientes y miembros de la empresa:
- Los clientes tendrán dificultades para emitir un juicio sobre la empresa, generando una valoración negativa al considerar que la organización se comporta de manera contradictoria.
- Los trabajadores enfrentarán conflictos al no distinguir con claridad la forma de contribuir con la empresa, elaborando productos y servicios inconsistentes.

La empresa debe desarrollar una estrategia para alcanzar un entendimiento común de sus productos y servicios; en dicha estrategia deben quedar asentadas, con claridad, las características relevantes que les corresponden. Esta estrategia también debe considerar elementos que ayuden en la resolución y aclaración de cualquier duda o confusión. Un Catálogo de Productos y Servicios puede ser parte de la estrategia para desarrollar el entendimiento de la oferta que realiza la empresa; mejorando la valoración de los clientes y orientando el trabajo de los miembros de la organización. Los siguientes puntos pueden ser considerados en un catálogo de este tipo:

1. Identificar los diferentes productos y servicios que ofrece la empresa.
2. Elaborar el diseño de cada producto y servicio; usando herramientas que permiten distinguir las características importantes de cada uno y compararlas con aquellas que definen la calidad de la empresa.
3. Revisar los diseños con el personal de la empresa aprovechando su perspectiva y experiencia. Considerar las aportaciones del personal para cumplir los siguientes elementos:
    - Verificar que los diseños permiten a todos tener la misma idea sobre los productos y servicios.
    - Comparar las características de los productos y servicios diseñados con las características de la calidad la empresa y ponderar su afinidad.
    - Asegurar la viabilidad en la elaboración de los productos y servicios diseñados.
4. Revisar los diseños con los clientes, recoger sus observaciones y buscar el cumplimiento de los siguientes elementos:

- Verificar que los diseños permiten a los clientes entender los productos y servicios de la misma forma que los miembros de la empresa.
- Comprobar que las características de los productos y servicios diseñados son acordes con las expectativas de los clientes.
- Identificar la afinidad entre las características de los productos y servicios diseñados con aquellas que definen la calidad de la empresa.

5. Ponderar las observaciones que el personal de la empresa y los clientes realizaron acerca de los diseños de los productos y servicios; todo esto para realizar los cambios necesarios en los diseños o en las herramientas de diseño usadas.
6. Concentrar la información final de los diseños en el Catálogo de Productos y Servicios.
7. Establecer la forma de brindar acceso al catálogo, considerando los siguientes usos:
   - Presentar los productos y servicios con los clientes durante la labor de ventas
   - Consulta de los diseños para solucionar dudas y preguntas de los clientes y del personal

Existen varias consideraciones que pueden influir en la implementación exitosa de un Catálogo de Productos y Servicios; a continuación se abordan algunas de ellas:
- El catálogo puede empezar con la incorporación de algunos productos y servicios de la empresa; por ejemplo, a aquellos que representan la mayor parte de las ventas o los que generan la mayoría de las quejas por parte de los clientes. Este tipo de medidas permitirán aprovechar mejor los

recursos y avanzar en aspectos que tiene mayor prioridad para el negocio.
- La revisión de los diseños con el personal de la empresa debe incluir a aquellos con capacidad para contribuir y mejorarlos; esta capacidad puede estar basada en las siguientes características:
  - Mayor experiencia en el negocio
  - Facultades para tomar decisiones
  - Aptitud técnica superior
  - Profundo conocimiento de toda la organización
- La empresa puede apoyarse en asesores externos que aporten conocimientos, perspectivas o capacidades adicionales para la construcción de diseños claros, viables, acordes con las características de la calidad de la empresa y con las expectativas de sus clientes.
- La organización puede conducir la revisión con los clientes de diversas formas; esto con el objetivo de enriquecer este ejercicio para todos:
  - Incluir a todos los clientes o solo a aquellos que la empresa considera más importantes
  - Sesiones de trabajo individual o grupales
  - Apertura para comentarios anónimos por parte de los clientes o identificando su autoría

La definición de las características de los productos y servicios de la empresa tiene un propósito específico: Mejorar la valoración de los clientes sobre la empresa, basándose en dos elementos:
- El entendimiento de los productos y servicios que ofrece la empresa
- La afinidad de los productos y servicios ofrecidos con las características de la calidad de la empresa y con las expectativas de los clientes.

Los productos y servicios entregados

La empresa necesita emprender acciones para entregar a sus clientes solo los productos y servicios que puedan ser apreciados por ellos.

Los dos puntos anteriores definieron características que definen la calidad de la empresa y diseños acordes con ellas; estos son una guía para conocer los resultados que los clientes están esperando. La empresa debe usar los diseños desarrollados para evaluar los productos elaborados y servicios brindados; de esta forma podrá determinar si son satisfactorios.

Las consecuencias de entregar productos y servicios acordes con sus diseños o no hacerlo, son relevantes y totalmente opuestas; especialmente cuando los diseños definen características que son importantes para los clientes:

- Cuando una empresa entrega productos y servicios que son acordes con lo que diseñó, demuestra integridad; si los productos y servicios contienen características acordes con las expectativas de los clientes, entonces están brindando valor. La integridad demostrada y el valor entregado por la empresa será correspondido con el aprecio de los clientes.
- Cuando una empresa entrega productos y servicios que no cumplen con las expectativas del cliente, genera insatisfacción; adicionalmente, si esos productos y servicios no se apegan a lo establecido en sus diseños, entonces generará sensaciones de engaño y fraude. La insatisfacción y las malas sensaciones generadas por la empresa serán

correspondidas con una valoración negativa por parte de los clientes.

Debido a las consecuencias mencionadas, la empresa debe evaluar, de forma justa, los productos elaborados y los servicios brindados; comparándolos con sus respectivos diseños y tomando acción para corregir acordemente las inconsistencias que se detecten. Solo de esta forma la empresa tendrá la seguridad de haber cumplido las expectativas que generó.

La evaluación de productos y servicios debe ser tomada como una medida para entregar el resultado acordado a los clientes, a través del conocimiento de la realidad. La evaluación de productos y servicios no debe ser un mecanismo para castigar, ni premiar al personal. Se entiende la necesidad de reconocer el buen trabajo y enfrentar las responsabilidades correspondientes; pero convertir estas evaluaciones en instrumentos de persecución o gratificación puede generar conflictos y vicios entre los miembros de la organización.

Existen varios aspectos que se debe considerar, al implementar la evaluación de productos y servicios; algunos de los más relevantes son:

Momento oportuno – Algunos productos y servicios se pueden evaluar en diversos momentos. Esto significa que se puede saber si el progreso en la elaboración de un producto semiprocesado es el correcto, antes de ser terminado; también se puede saber si las primeras etapas de un servicio han sido desarrolladas de manera correcta, antes de concluirlo. Por otro lado, la evaluación puede realizarse después de elaborar los productos y concluir los servicios. Estos diferentes momentos generan varias oportunidades para la empresa, que vale la pena considerar:

- Evaluar un producto o un servicio antes de ser terminado permite correcciones con costos más accesibles y antes de generar afectaciones mayores al cliente.
- La evaluación de productos y servicios terminados brinda conocimiento sobre la totalidad del resultado entregado.

Claridad – La forma de realizar la evaluación debe definirse de tal forma que pueda ser aplicada correctamente. La definición de la evaluación también debe permitir que los involucrados entiendan sus resultados.

Justicia – La evaluación debe considerar los factores relevantes y emitir un veredicto final acorde con la realidad.

Viabilidad – Las implicaciones de la evaluación deben estar dentro de las posibilidades de la organización, de tal forma que no haya impedimentos para mantener su aplicación.

Los resultados de la evaluación pueden originar diferentes acciones por parte de la empresa, todas ellas enfocadas en brindar los mejores resultados posibles. Estas acciones diversas pueden ser relevantes para los clientes y por lo tanto será necesario mantenerlos informados y darles la capacidad de tomar decisiones al respecto. Algunas de estas acciones son:

- Reconocer los productos y servicios que cumplieron la evaluación de forma satisfactoria.
- Desechar o remplazar los productos y servicios que no cumplieron la evaluación de forma satisfactoria.
- El cliente acepta los productos y servicios que no cumplieron la evaluación de forma satisfactoria, bajo su propia responsabilidad incluyendo una compensación o una reparación

Las estrategias para evaluar los productos y servicios de una empresa deben procurar un conocimiento de la realidad para demostrar los resultados satisfactorios y resolver de manera oportuna aquellos que no cumplieron las expectativas. Un Programa de Evaluación de Resultados puede ser parte de estrategias de este tipo; dicho programa contendrá pasos similares a los siguientes:

1. Identificar los productos y servicios que serán parte del Programa de Evaluación. La empresa puede definir si quiere que todos los productos y servicios sean parte de este programa o si prefiere incluir solo algunos; basándose en criterios como: volúmenes de ventas, cantidad de quejas registradas, etcétera.

2. Revisar los diseños de los productos y servicios que son parte del Programa de Evaluación; definiendo las características de cada producto y servicio que serán objeto de evaluación. En esta revisión la empresa puede determinar si todas las características de los productos y servicios serán evaluadas o solo algunas; esta determinación se puede basar en criterios como: importancia de la característica o viabilidad de la evaluación.

3. Para cada característica que será evaluada, la empresa debe determinar los siguientes puntos:
   - La forma correcta de evaluarla; incluyendo herramientas, recursos e instrucciones necesarios para la evaluación
   - Los parámetros para reconocer cada característica como exitosa o fallida
   - La persona responsable de evaluar la característica y las habilidades que necesita para realizar la evaluación
   - El momento adecuado para la evaluación; por ejemplo, después de que el producto está completamente elaborado o al terminar una etapa intermedia de su elaboración.

- La participación de terceros en la evaluación, por ejemplo: clientes, autoridades o auditores externos. La participación de terceros puede generar beneficios como obtener su aval sobre los resultados de la evaluación

4. Determinar las acciones que se realizarán a partir de los resultados de la evaluación y los responsables de ejecutarlas; algunas acciones posibles son:
    - El personal de manufactura lleva la unidad con evaluación exitosa al piso de ventas.
    - El personal de prestación de servicios solicita la firma de conformidad del cliente para el servicio con evaluación exitosa.
    - El personal de manufactura desecha la unidad con evaluación NO exitosa.
    - El personal de prestación de servicios solicita el apoyo del gerente para buscar una solución en un servicio con evaluación NO exitosa.

Este punto tiene como propósito entregar a los clientes solo los productos y servicios que cumplen las expectativas que les corresponden; así como tomar acción en caso de ser necesario. La evaluación es un medio; a través de ella se determina, en cada caso, si las expectativas se han logrado o si es necesario tomar acción para corregir los resultados.

Los clientes observan el esfuerzo que la empresa hace para determinar si los productos y servicios son acordes con lo esperado; así como las medidas que toma para corregir los malos resultados. Atestiguar este esfuerzo contribuye para que los clientes desarrollen un auténtico aprecio por la empresa.

QUEJAS CONSTANTES SOBRE LOS PRODUCTOS Y SERVICIOS

Todas las empresas enfrentan casos donde existe un desencuentro con los clientes. Estos desencuentros se deben a expectativas incumplidas y situaciones que salen de lo común. Los desencuentros con los clientes se manifestarán en quejas, donde expresen su inconformidad y desagrado con la empresa, sus productos y servicios.

Existen tres puntos que las empresas pueden abordar para evitar que los desencuentros crezcan hasta convertirse en quejas:
- Establecer fórmulas de trabajo efectivas
- Manejo eficaz de incidentes
- Brindar certidumbre a los clientes

Establecer fórmulas de trabajo efectivas

Entregar productos y servicios acordes con las expectativas de los clientes es muy importante para mantener su satisfacción y evitar sus quejas. Los resultados que entrega la empresa, incluyendo sus productos y servicios, son consecuencia directa de la forma en que opera.

El primer paso es llegar a un entendimiento común sobre los productos y servicios que la empresa debe entregar. Los diseños de productos y servicios pueden cumplir con este paso; estos diseños ya fueron abordados previamente en este libro.

El segundo paso es determinar la forma en que se debe trabajar para que los productos y servicios producidos sean acordes con su diseño. Este también es un punto de entendimiento; el cual, permitirá que todos los miembros de la organización realicen las actividades de la misma forma y obtengan resultados consistentes, alcanzando a satisfacer a los clientes.

Cuando una persona es asignada para cumplir una tarea, intentará realizarla de la forma que crea correcta. Esta "forma que cree correcta" estará basada en la experiencia, habilidades, formación y muchos otros elementos que son propios de cada persona. Al asignar una misma tarea a diversas personas, se observarán diferencias en la forma que cada uno la realiza. Estas diferencias en la forma de realizar una misma tarea, ocasionarán que cada persona obtenga resultados diferentes, a pesar de que todos tenían un mismo propósito. Todo esto justifica que la empresa haga un esfuerzo para determinar, con claridad, la forma correcta de elaborar un producto y brindar un servicio.

Las formas correctas de elaborar un producto o brindar un servicio son fórmulas de trabajo; en ellas se indican las actividades precisas que se deben realizar para obtener el resultado específico. Las fórmulas de trabajo sirven para que todo el personal de la empresa siga el mismo camino y puedan entregar el producto o servicio que se espera.

El establecimiento de fórmulas de trabajo de la empresa puede considerar los siguientes puntos:
1. Definir, con claridad, el producto o servicio que se desea entregar; los diseños pueden servir para este fin.
2. Determinar las actividades específicas que el personal debe realizar para entregar el producto o servicio deseado (estas constituyen una fórmula de trabajo). Algunos elementos que pueden determinar el éxito o fracaso de las actividades son los siguientes:
    - El orden de las actividades y el momento en que se realizan
    - La disponibilidad y uso de información relevante
    - El empleo de materia prima con ciertas propiedades y en ciertas cantidades
    - El uso correcto de herramientas específicas
    - Las capacidades y experiencia de la persona que realiza las actividades
    - Condiciones del entorno donde se realizan las actividades
3. Revisar la fórmula de trabajo definida, con personal de la organización; esta revisión busca determinar la capacidad de la fórmula para producir los resultados deseados y la

posibilidad de la empresa para aplicar la fórmula de manera permanente.
4. Realizar pruebas de la fórmula de trabajo definida; esto con el objetivo de observar sus resultados en la vida real, determinar su capacidad para generar los resultados deseados y la viabilidad de su aplicación permanente.
5. Implementar correcciones en la fórmula de trabajo; esto derivado de las observaciones del personal y de los resultados de las pruebas realizadas.

La claridad de las fórmulas de trabajo es un punto clave para que sean exitosas. En este sentido, la empresa debe procurar que el contenido sea entendible y el formato enriquecedor:

- El contenido entendible en las fórmulas de trabajo usa un lenguaje que resulta familiar para todos los miembros de la organización, lo comprenden de la misma manera y lo pueden seguir de forma idéntica.

- El formato enriquecedor de las fórmulas de trabajo facilita el entendimiento de la información que contiene; recurre a diversos elementos como: gráficas, imágenes, audio, video, diagramas, textos, etcétera.

La siguiente tabla contiene ejemplos de formatos que pueden enriquecer diversos elementos relevantes de una fórmula de trabajo:

Elementos de fórmulas de trabajo	Formato enriquecedor
El orden de las actividades	• Diagrama de flujo
La ejecución precisa de actividades	• Manual de Instrucciones
Uso correcto de una herramienta	• Diagrama de la herramienta con los pasos para usarla
Protocolo de actuación	• Video que muestra la ejecución del protocolo • Un guion con el protocolo impreso
Empleo de materia prima	• Muestras de materias primas • Instrucciones del uso de la materia prima ilustradas con diagramas
Condiciones específicas para el entorno	• Fotografías que muestran el aspecto de las condición del entorno deseadas • Lista para marcar las características del entorno que se cumplen

Las fórmulas de trabajo establecen un camino que el personal debe seguir constantemente. Por lo anterior es necesario que las fórmulas cumplan las siguientes condiciones:

Eficacia en los resultados – La aplicación fiel de las fórmulas de trabajo debe entregar los productos y servicios con las características esperadas.

Útiles para el personal – Las fórmulas de trabajo deben apoyar al personal en la obtención de los resultados que le corresponden, incluyendo la elaboración de productos y la entrega de servicios.

Pertinentes para la organización – Las implicaciones en la aplicación de las fórmulas de trabajo deben estar dentro de las posibilidades de la organización.

Las estrategias para establecer fórmulas de trabajo en las empresas deben brindarle al personal las guías que le permitan realizar sus actividades exitosamente; dichas guías contribuirán en la reducción de productos defectuosos, servicios proporcionados incorrectamente y las quejas correspondientes de los clientes. Una estrategia de este tipo puede apoyarse en un Manual de Instrucciones de Operación; los siguientes puntos pueden formar parte de manual:

1. Determinar los productos y servicios cuyas instrucciones serán incluidas en el manual. La empresa puede incluir todos sus productos y servicios; por otro lado, tiene la opción de escoger solo algunos, basándose en criterios como: volumen de operación, complejidad de su ejecución, mayor cantidad de quejas, etcétera.
2. Definir las instrucciones para la elaboración de cada producto y servicio incluido en el manual. Algunas consideraciones para establecer adecuadamente las instrucciones son:
   - Generar un producto y servicio fiel con su diseño correspondiente
   - Incluir detalles relevantes de las actividades que afectan el resultado, por ejemplo: orden de ejecución, empleo de materias primas específicas, uso correcto de herramientas, control sobre condiciones del entorno, aprovechamiento de información, participación de actores relevantes, etcétera.
   - Manejo de un lenguaje entendible por los miembros de la organización

- Mantener las implicaciones de la aplicación de las fórmulas dentro de las posibilidades de la organización
3. Revisar con el personal de la empresa las instrucciones definidas, tomar nota de sus comentarios y realizar cualquier adecuación con la finalidad de asegurar la utilidad y viabilidad de las instrucciones.
4. Publicar una versión final del trabajo elaborado, a través del Manual de Instrucciones de Operación. Informar al personal sobre la existencia del manual y concientizarlo sobre la importancia de su aplicación.
5. Establecer una agenda de capacitación para el personal que debe aplicar las instrucciones contenidas en el manual. La empresa determina la frecuencia de la capacitación buscando que el personal domine las fórmulas que le corresponden.
6. Mantener ejemplares de las instrucciones en los espacios de trabajo del personal que las aplica. La empresa puede determinar el medio (impreso o digital) y la ubicación de los ejemplares; esto con el propósito de mantenerlas disponibles para los trabajadores que las necesitan.

Este punto tiene un propósito sencillo: Reducir las quejas de los clientes que se originan en el trabajo que no entrega los productos y servicios esperados. La reducción de estas quejas se basa en brindar a los trabajadores fórmulas de trabajo exitosas.

Manejo eficaz de incidentes

Los incidentes son situaciones inusuales que requieren atención especial en su resolución. Todas las empresas se encuentran con incidentes y sus causas pueden ser muy diversas; algunos ejemplos son:

- Peticiones especiales de los clientes.
- Solicitud de cambios sobre las peticiones previas de los clientes.
- Condiciones excepcionales en el contexto que impiden la operación rutinaria.
- Casos que se presentan a los miembros de la empresa; para los cuales no están capacitados o facultados.

Los incidentes no son por si mismos un desencuentro con los clientes; sin embargo pueden convertirse en conflictos cuando la empresa falla en su identificación y solución.

Para evitar que los incidentes se conviertan en conflictos es necesario detectarlos oportunamente y conducirlos a una solución justa.

Los diversos miembros de la organización deben estar conscientes de la posibilidad de encontrar situaciones, las cuales no podrán resolver con su trabajo rutinario. Esto significa que sus funciones, responsabilidades, fórmulas de trabajo y actividades cotidianas, no serán suficientes para solucionar el incidente que tienen ante ellos.

La imposibilidad de resolver los incidentes que se les presentan, obliga a los trabajadores a necesitar apoyo y solicitarlo a otros miembros de la organización. Los miembros de la organización que brinden apoyo deben contar con capacidades superiores que resulten de utilidad. Algunas capacidades superiores útiles son las siguientes:

- Mayor conocimiento de la empresa, su operación y su contexto.
- Experiencia más amplia en el negocio.
- Habilidades técnicas superiores.
- Grado de responsabilidad mayor, jefaturas, gerencias, direcciones u otros cargos superiores.
- Facultad para tomar decisiones.
- Autoridad para de disponer de recursos.
- Capacidad de negociación con los clientes.
- Competencia para aprobar acciones particulares.

Encontrar una solución justa y favorable no es una tarea fácil, por ello se requiere de la participación de miembros de la organización con capacidades superiores. Estos miembros de la organización deben tomar la responsabilidad en la resolución de los incidentes. El responsable de resolver un incidente debe pensar, con detenimiento, las distintas alternativas de solución y los factores que están involucrados. Algunos factores que pueden ser importantes, son los siguientes:

Viabilidad – Todas las alternativas de solución presentan retos y condiciones que limitan o impiden su implementación. Se debe optar por soluciones que realmente se encuentran dentro de las posibilidades de la empresa.

Obligatoriedad – Algunas alternativas de solución pueden estar vinculadas a obligaciones contraídas por la empresa, otras alternativas pueden ser libres de toda obligación. La empresa debe atender las obligaciones contraídas y demostrar dicho cumplimiento, por otro lado debe resaltar las opciones que no son forzosas.

Legalidad – Algunas alternativas de solución son parte de disposiciones legales no opcionales. La empresa siempre debe cumplir con los parámetros legales que le corresponden y probar dicho cumplimiento.

Costos y beneficios – Todas las alternativas de solución presentan costos y beneficios para la empresa. Esto significa que para implementar cualquier alternativa la empresa tendrá que renunciar a algo; al mismo tiempo, la implementación de cualquier alternativa brindará resultados positivos a la empresa. La empresa debe optar por las alternativas de solución que le brinden beneficios que justifiquen los costos incurridos. Es importante recordar que la satisfacción de los clientes es considerada como un beneficio para la empresa.

Riesgos y oportunidades – Todas las alternativas de solución presentan situaciones que podrían complicarse, generando mayores daños (riesgos); por otro lado también presentan situaciones que podrían superar expectativas y generar mayores beneficios (oportunidades). Los riesgos y las oportunidades son situaciones potenciales, esto significa que pueden ocurrir, pero nadie puede asegurar su presencia. Si los riesgos ocurren se producirá el peor escenario posible, con todas las consecuencias que represente para la empresa. Si las oportunidades ocurren se generará el mejor escenario posible, con todos los beneficios que implique para la empresa. La empresa debe estar consciente de todas esas posibilidades para optar por las alternativas que más le convengan.

Independientemente de las alternativas escogidas para resolver los incidentes, se debe brindar claridad y certeza a los clientes involucrados. La claridad le permitirá al cliente entender las implicaciones que tienen el incidente y la solución que se le brindará; de esta forma se llegará a un acuerdo él y se evitarán falsas expectativas. La certeza permitirá al cliente conocer el estado en que se encuentra la atención del incidente, el progreso alcanzado y el camino que le queda por recorrer para llegar a su conclusión; esto le permitirá al cliente seguir avanzando con tranquilidad, hasta llegar a una solución.

Una estrategia para manejar eficazmente los incidentes debe detectar eficazmente todos los casos que requieren atención especial, asegurarse de llevar cada incidente hasta una conclusión, abrir la participación para la construcción de soluciones y acompañar a los clientes a lo largo de todo el camino. Una estrategia de este tipo puede apoyarse en un Sistema de Atención de Incidentes. Los siguientes pasos pueden ser considerados en la implementación de dicho sistema:

1. Concientizar a todos los trabajadores sobre la posibilidad de encontrar incidentes.
2. Definir parámetros para que los trabajadores reconozcan los incidentes; por ejemplo:
    - El cliente pidió un producto o servicio diferente a los diseñados.
    - El cliente solicitó modificar un pedido que ya está en proceso de ser elaborado.
    - Se recibió una solicitud que no es clara o para la cual no existen fórmulas de trabajo.
    - Hicieron un pedido que requiere autorizaciones extraordinarias.
3. Definir al responsable de manejar los incidentes y la forma en que los trabajadores le informarán la presencia de nuevos casos; ejemplo:

- El Gerente General es el responsable de manejar los incidentes.
- Cuando se presente un incidente deben informar al Gerente General llamando a su extensión o enviándole un correo electrónico. Todos los incidentes deben incluir los datos del trabajador que lo reportó, la descripción del caso, la fecha en que ocurrió y los datos del cliente afectado.

4. Establecer las actividades y facultades que le corresponden al responsable del manejo de incidentes; ejemplo:
   - Contactar al cliente afectado para obtener más información, hacer propuestas y acordar una solución.
   - Delegar incidentes e involucrar al personal pertinente para construir una resolución.
   - Realizar el seguimiento del avance de los incidentes; incluyendo consultas con el personal para conocer el progreso alcanzado y mantener contacto con los clientes involucrados para informarles el estado de sus casos.
   - Asentar la conclusión de los incidentes; notificando a los clientes involucrados el resultado alcanzado y liberando al personal que los resolvió.

No todos los incidentes implican el mismo grado de complejidad en su resolución. En algunos incidentes la empresa podrá darle a los clientes involucrados justo la solución que desean, en otros no será posible; sin embargo en todos los casos la empresa reconocerá una situación especial, ofrecerá soluciones claras que se encuentren en sus posibilidades y los conducirá hasta su conclusión. Un funcionamiento de este tipo evitará que los incidentes se conviertan en quejas.

La mayor parte de incidentes que se convierten en quejas se deben a las siguientes situaciones:
- El incidente no fue reconocido como tal y no se le dio la atención que requería.
- La solución ofrecida no fue realista y no se cumplió.
- La empresa no acompaño a los involucrados en la evolución del incidente.
- La empresa perdió de vista el incidente y olvidó resolverlo.

El propósito del manejo de los incidentes es reconocer los casos especiales y construir soluciones dentro de las posibilidades para la empresa; esto representa un esfuerzo que reduce la probabilidad de recibir quejas.

Brindar certidumbre a los clientes

Los clientes tienen un interés legítimo en los servicios y productos que reciben. Este interés puede incluir la forma en que los productos y servicios fueron elaborados. Cuando los clientes desconocen la forma en que fueron elaborados los productos y servicios tendrán dudas, las cuales pueden causarles inseguridad y eventualmente convertirse en quejas.

La empresa puede corresponder el interés de los clientes con información. Esta información debe brindar a los clientes referencias claras sobre la forma en que fueron elaborados los productos y servicios. De esta forma los clientes tendrán la seguridad de haber recibido productos y servicios que cumplen sus expectativas, incluyendo su elaboración.

Las acciones que se realizaron en la elaboración de productos y servicios muestran el camino que recorrieron hasta llegar al cliente. Algunos pasos en ese camino pueden representar riesgos o condiciones que no resultan satisfactorias para los clientes. Por ejemplo:
- Uso de materia prima de características poco confiables.
- Ausencia de condiciones de salud e higiene.
- Participación de personal con capacidades cuestionables.
- Riesgos para el buen estado de los productos y servicios
- Daños a terceros y al medio ambiente.

Las fórmulas de trabajo señalan las actividades que el personal debe realizar en la elaboración de los productos y servicios; por esta misma razón las fórmulas de trabajo trazan el camino que los productos y servicios deben recorrer hasta llegar al cliente. Sin embargo, solo se tendrá certidumbre del camino recorrido, a partir de elementos que demuestren las actividades que realmente se realizaron.

Todas las actividades que han sido realizadas constituyen hechos; todos los hechos generan algún elemento que respalda su existencia, dichos elementos son conocidos como evidencias. La observación de las evidencias permite conocer los hechos ocurridos y el camino que los productos y servicios realmente recorrieron hasta llegar con los clientes. Los diversos hechos ocurridos en las operaciones generan distintos tipos de evidencias; la siguiente tabla muestra algunos ejemplos:

CONSERVANDO Y RECUPERANDO CLIENTES

Hechos	Evidencias
Empleo de materia prima específica	Órdenes de provisión de materias primas desde almacén, notas de compras.
Participación de personal específico	Calendarios de actividades, firmas de participantes, relojes checadores y expedientes del personal.
Operaciones realizadas y el orden de su ejecución	Reportes de actividades y expedientes del producto/servicio.
Modificaciones al pedido original	Solicitudes de cambio y registros de incidentes.
Reuniones y entrevistas	Invitaciones, convocatorias y minutas.
Uso y estado de herramientas	Bitácoras de uso de herramientas, calendarios de mantenimiento y de operación.
Aprovechamiento de información	Comunicados, correo (tradicional y electrónico), oficios y acuses de recibo.
Condiciones del entorno	Revisiones de espacios de trabajo y notas de supervisores.

El manejo de la información necesaria para señalar el camino recorrido por los diferentes productos y servicios representa un reto para la organización. Los mecanismos para consolidar y consultar la información deben ser capaces de cumplir con su propósito, sin generar complicaciones para la empresa, trabajadores y clientes. La tecnología y los sistemas informáticos pueden incrementar las capacidades de la empresa para consolidar y consultar la evidencia;

sin embargo, también existe la opción de ser selectivo en la información consolidada y en la consulta de detalles, ejemplo:
- Para todas las unidades producidas se consolidan 5 datos que demuestran los hechos relevantes en su elaboración
- Solo cuando alguno de los 5 datos consolidados presenta inconsistencias con las expectativas se integra un expediente completo; dicho expediente contiene todos los detalles de la unidad correspondiente.

Una estrategia para brindar certidumbre a los clientes debe reconocer su interés legítimo en el recorrido de los productos y servicios que recibieron; además, debe corresponder dicho interés con información que permita conocer los hechos correspondientes. Una estrategia de este tipo puede apoyarse en un Programa de Reporte de las Fórmulas de Trabajo; esto parte de la estrecha relación entre las actividades definidas en las fórmulas de trabajo y los hechos ocurridos en la elaboración de productos y servicios. Un programa de este tipo puede contener pasos como los siguientes:

1. Determinar los productos y servicios que serán parte del Programa de Reporte de las Fórmulas de Trabajo. La organización puede incluir todos sus productos y servicios en dicho programa; por otro lado, tiene la opción de incluir solo algunos basándose en criterios similares a los siguientes:
   - Productos y servicios donde participan actividades que implican riesgos.
   - Productos y servicios que representan mayor interés para los clientes.
   - Productos y servicios que generan altos volúmenes de quejas por parte de los clientes.

2. Identificar, para los productos y servicios incluidos en el programa, las fórmulas de trabajo que participan en su elaboración.
3. Reconocer, en cada fórmula de trabajo, los hechos que tienen mayor relevancia y las evidencias que los respaldan; ejemplos:
   - El uso de materia prima específica queda asentado en una nota de recursos suministrados por almacén.
   - La ejecución de un procedimiento está registrado en una bitácora de operaciones.
   - La participación de un miembro del personal está anotado en listas de asistencia y un reloj checador.
4. Establecer la forma en que se consolidarán las evidencias; ejemplos:
   - Los empleados que elaboran los productos y servicios incluidos en el Programa, entregarán cada día sus reportes de actividades al supervisor.
   - El gerente realizará una copia de los reportes de actividades incluidos en el Programa al terminar cada semana de trabajo.
5. Determinar los mecanismos de acceso a la evidencia; ejemplos:
   - Todos los clientes reciben un link de Internet donde pueden consultar la evidencia del producto/servicio que recibieron
   - Los clientes deben realizar una solicitud al personal de atención postventa, para que estos les entreguen una copia de la evidencia del producto/servicio que compraron.

El objetivo de la evidencia es proporcionar un conocimiento de los hechos reales que afectaron a los productos y servicios. Este conocimiento brindará a los clientes una mayor seguridad sobre el cumplimiento de sus expectativas; con esto se disminuirá la probabilidad de recibir quejas e inconformidades.

CLIENTES QUE ABANDONARON LA EMPRESA

La pérdida de clientes es una condición que todas las empresas deben evitar. Los clientes que se alejan por motivos de la mala calidad, pueden generar múltiples efectos negativos para la empresa:

- Perder una relación de negocio.
- Influyen otros clientes para que también abandonen la empresa o alejan a clientes potenciales.
- Pueden demandar compensaciones para condiciones que consideran injustas.
- Brindan referencias negativas sobre los productos y servicios que ofrece la empresa.

Recuperar un cliente insatisfecho representa costos superiores a mantener un cliente satisfecho o conseguir un cliente nuevo. Las empresas que invierten en la calidad están conscientes de la conveniencia de actuar proactivamente para evitar restituir daños.

Desde ingeniería de calidad se propone evitar la partida de los clientes actuales y propiciar el regreso de clientes anteriores a partir de trabajo y apertura que demuestren el interés genuino de la empresa.

Tres acciones de trabajo para evitar la pérdida de clientes son las siguientes:
- Comunicación abierta.
- Participación del cliente en la evaluación.
- Mejorar con base en hechos y en la percepción del cliente.

Mantener comunicación abierta

La relación de la empresa con los clientes se desarrolla, principalmente, dentro de un modelo de negocio previamente establecido. Los diseños (de productos y servicios), así como las fórmulas de trabajo, son parte de los elementos que dan forma al modelo de negocio. Sin embargo, existe la posibilidad de que diseños y fórmulas de trabajo no siempre sean suficientes para brindar una solución a los clientes; esto se debe a diversas situaciones:

- Cambios en las preferencias de los clientes y del contexto.
- Presencia de situaciones excepcionales.
- Inquietudes, ideas y propuestas de los clientes.
- Observaciones, dudas, sugerencias y desacuerdos de los clientes.

Los clientes solicitarán ayuda a la empresa para resolver situaciones como las mencionadas; por lo tanto necesitan un camino que les permita alcanzar una solución. En este camino la comunicación permitirá a la empresa acompañar a los clientes hasta una conclusión; para lograrlo, se deben cumplir las siguientes condiciones:

- Un canal de comunicación permanentemente disponible para el cliente.
- Expresión con libertad y confianza.
- Apertura al diálogo y a tomar acción.
- Involucramiento de miembros de la empresa pertinentes.
- Seguimiento y conclusión del diálogo y las acciones.
- Responsabilidad de los participantes.

La empresa debe acompañar a sus clientes en la construcción de soluciones; las siguientes consideraciones son relevantes en este proceso:

- **Generar los mayores beneficios posibles** – Difícilmente se podrán alcanzar soluciones ideales en todos los casos; sin embargo, la organización debe procurar generar beneficios para los clientes.
- **Evitar efecto secundarios adversos** – Todas las acciones que se realizan son susceptibles a propiciar efectos secundarios; sin embargo, vale la pena ponderar las implicaciones de cada acción, con la finalidad de evitar cualquier efecto que genere perjuicios superiores al beneficio alcanzado.
- **Claridad en el proceso** – La empresa debe brindar a los clientes una idea precisa sobre las propuestas de solución, sus implicaciones y evolución. Esto también incluye los cambios que se experimenten a lo largo del proceso; por ejemplo: un cambio en el alcance de la propuesta de solución, el descubrimiento de nuevas implicaciones, avances y retrocesos en la implementación.

Las estrategias para abrir la comunicación deben permitir a los clientes solicitar ayuda y garantizar la pertinente participación de los miembros de la organización para solucionar cada caso. Un Buzón Electrónico para el Cliente puede convertirse en un elemento importante en estrategias de este tipo; dicho buzón puede considerar los puntos siguientes:

1. Se establecerá un correo electrónico para recibir los mensajes directos de los clientes. El correo electrónico tendrá una dirección sencilla: buzon_clientes@empresa.com. Se definirá al miembro de la organización responsable del correo señalado. Los clientes

serán informados sobre este correo electrónico rotulando las unidades móviles, incluyéndolo en la página de Internet y con carteles informativos en las oficinas donde son atendidos.

2. El miembro de la organización responsable del correo electrónico buzon_clientes@empresa.com, deberá cumplir las siguientes acciones:
   - Revisar la bandeja de entrada del correo electrónico 2 veces al día; esta revisión será la primera tarea al empezar sus actividades y también será la última tarea antes de retirarse.
   - Mantendrá la bandeja de entrada dedicada exclusivamente a los mensajes de los clientes; eliminará todos los correos electrónicos que no estén relacionados con solicitudes de los clientes, por ejemplo: publicidad, cadenas, noticias, correo no deseado o de dudosa procedencia.
   - Cuando reciba un correo electrónico de un cliente con asunto nuevo, deberá leer todo el contenido del mensaje y enviar una confirmación de recibido al cliente.
   - Cuando lo considere necesario, involucrará a otros miembros de la organización para unirse a la conversación o resolver la necesidad planteada por el cliente. Para involucrar a otros miembros de la organización, les reenviará el correo electrónico, incluyendo una explicación de las razones por las cuales los invita.
   - Enviará al cliente respuestas cuando se presente una de las siguientes condiciones:
     ➢ Cada semana para reportarle el estado de avance.

- Para solicitarle su participación o información para la solución del asunto.
- Para informarle la conclusión en la atención de su solicitud.
- Enviará a los involucrados respuestas cuando se presente alguna de las siguientes condiciones:
  - Cada semana para solicitarles el estado de avance.
  - Para entregarles información o cualquier elemento que soliciten para solucionar el asunto.
- Se comunicará con cualquier miembro de la organización, en búsqueda de resolver las solicitudes de los clientes.

3. Las personas que sean involucradas en la conversación o solución de los correos de los clientes deben realizar las siguientes acciones:
   - Responder la invitación a participar en la solución de los incidentes, la respuesta debe ser enviada al correo buzon_clientes@empresa.com; en ella deben confirmar su participación o rechazar la invitación. En caso de aceptar la invitación, deben indicar las acciones planean realizar y las fechas en que estiman ejecutarlas; también deben indicar cualquier elemento adicional que requieran para resolver la solicitud del cliente. En caso de rechazar la invitación, deben explicar sus razones.
   - Reportar los avances en las acciones planeadas.
   - Notificar cuando haya concluido todas las acciones planeadas.

Todos los puntos señalados en la estrategia propuesta van encaminados a atender los mensajes de los clientes y acompañarlos hasta su conclusión. En este ejemplo se usó un medio de comunicación bastante conocido al día de hoy: el correo electrónico; sin embargo la organización puede plantear cualquier otro medio que le resulte práctico y viable para brindar la atención al cliente, incluso puede desarrollar una estrategia que incluya distintos medios de contacto institucionales.

Las estrategias para mantener la comunicación abierta con los clientes guardan similitudes relevantes con el manejo de incidentes: en ambas se debe brindar una solución a situaciones que no pueden ser manejadas por los mecanismos establecidos. La diferencia entre ellas es que una parte de los incidentes que se presentan a los miembros de la organización y la otra tiene su origen en la expresión del cliente. Teniendo en mente esto, la empresa puede optar por una integración de estrategias para atender ambas necesidades; asegurándose de atender y resolver cada caso.

La comunicación abierta con los clientes tiene un propósito específico: solucionar los casos donde los clientes requieren ayuda; esta forma de actuar justificará la permanencia y el regreso de los clientes.

Participación del cliente en la evaluación

Los clientes tienen un papel muy importante en la vida de la empresa, esto debe ser reconocido con acciones que les permitan participar y ser tomados en cuenta. La evaluación es un mecanismo que les permite ejercer el papel que les corresponde; emitiendo un juicio sobre la empresa que debe ser considerado en la toma de decisiones.

La percepción del cliente es una parte importante para que la empresa conozca la realidad que está viviendo y los resultados que está generando. Brindarle al cliente la oportunidad de expresar su percepción, emitiendo un juicio, permitirá a la empresa obtener información relevante para conocer su situación y tomar decisiones en consecuencia.

La información obtenida en las evaluaciones de los clientes debe ayudar a la empresa para tener referencia sobre los siguientes aspectos:

- El valor que tienen para los clientes las características de calidad de la empresa.
- La afinidad de productos y servicios diseñados/entregados con respecto a las expectativas de los clientes.
- El cumplimiento de los productos y servicios entregados con respecto de los diseños ofrecidos.
- Causas de insatisfacción de los clientes.
- Oportunidades para mejorar la satisfacción de los clientes.

Toda la información que permite a la empresa conocer la percepción del cliente es muy importante; por lo tanto debe hacer

un esfuerzo para que sea clara, honesta, apegada a la verdad y sin alteraciones. Dos condiciones que la empresa debe cuidar para tener esta información valiosa son:
- Brindar a los clientes los medios para emitir su juicio, honesto y libre.
- Dar a los miembros de la empresa la seguridad de que la evaluación del cliente será usada para beneficio de la empresa; no para castigarlos ni perseguirlos.

La información obtenida de la evaluación de los clientes permite a la organización conocer aspectos individuales y colectivos de los clientes; por lo tanto, vale la pena analizarla con diversas herramientas que permitan su aprovechamiento. Algunos ejemplos de conocimientos que la empresa puede obtener son:
- Identificar un cliente que se encuentra en riesgo de dejar a la empresa y las razones que lo motivan.
- Reconocer una causa de insatisfacción que está afectando a diversos clientes.
- Distinguir grupos de clientes satisfechos o insatisfechos.
- Identificar diseños de productos y servicios específicos que no son afines con las expectativas de los clientes.
- Observar incumplimientos en los diseños que originan insatisfacción en los clientes.
- Distinguir insatisfacciones aisladas, reiteradas o crecientes.

El conocimiento obtenido de la evaluación de los clientes debe orientar a la empresa para tomar acciones; esto tiene por objetivo generar los mejores beneficios, a través del cuidado de la satisfacción de sus clientes. Cuando la evaluación de los clientes señala problemas, la organización debe resolverlos; por otro, cuando la evaluación de los clientes indica buenos resultados, la organización debe procurar que se mantengan las condiciones de éxito. En todos los casos la organización debe demostrar que la evaluación de los clientes es valorada y usada para beneficio de todos.

Los clientes son sensibles a las acciones que toma la empresa a partir de los juicios que ellos emiten. Cuando los clientes atestiguan que su retroalimentación es un activo valioso para la empresa se fortalece la relación de negocios. Los siguientes escenarios son ejemplos de un efectivo manejo de la retroalimentación de los clientes:

- Un cliente emitió un juicio dando una mala calificación a la empresa. La empresa reaccionó contactándolo para descubrir mayores detalles de su insatisfacción y le brindó un seguimiento a su caso para enmendar la situación.
- Un cliente emitió un juicio dando una buena calificación a la empresa. La empresa reaccionó contactándolo para reafirmar su compromiso por mantener su alta satisfacción y lo invitó a compartir cualquier información adicional para mejorar su experiencia.
- Varios clientes emitieron juicios dando malas calificaciones a la empresa. La empresa reaccionó contactándolos para conocer mayores detalles, descubrió una causa común en su insatisfacción y desarrolló un proyecto de mejora para corregir el funcionamiento; adicionalmente la empresa invitó a los clientes para en la generación de ideas para la solución y les informó las mejoras implementadas.

Las estrategias para abrir la participación de los clientes en la evaluación deben recoger su percepción y ponerla a disposición de la organización para aprovecharla. Estas estrategias se pueden

apoyar en un Programa de Evaluación de los Clientes; dicho programa contendrá pasos similares a los siguientes:
1. Aplicar a todos los clientes una encuesta al momento de realizar una compra; esto para conocer su percepción sobre la experiencia vivida hasta el momento.
2. Aplicar a todos los clientes una encuesta 6 meses después de haber realizado su compra; esto para conocer su experiencia considerando el tiempo transcurrido con el producto o servicio.
3. Dirigir todas las encuestas con calificaciones bajas al equipo responsable de manejar incidentes, esto para brindarles mayor atención y evitar que la inconformidad de los clientes crezca.
4. Consolidar todas las respuestas de las encuestas en una base de datos de la empresa; mantener dicha base de datos a disposición de personal de responsabilidad media y superior, esto para brindarles un recurso con información valiosa.
5. Cada mes se procesará un reporte y será presentado a personal de responsabilidad media y superior; mostrando los siguientes puntos:
    - Las calificaciones que los clientes otorgan a los productos y servicios de la empresa y su tendencia durante los últimos 6 meses.
    - El volumen de encuestas con calificaciones bajas y los estados de los incidentes correspondientes.
    - Las principales causas de calificaciones bajas registradas los últimos 6 meses.
    - Las principales causas de calificaciones altas registradas los últimos 6 meses.
    - Un condensado de las sugerencias de los clientes enviadas en las encuestas durante los últimos 6

meses. Distinguir aquellas sugerencias que tienen una frecuencia mayor.

6. Los mandos medios y superiores de la organización asumen la responsabilidad de tomar decisiones y desarrollar actividades a partir de los reportes presentados. Los mandos medios y superiores se comprometen a tomar por lo menos una decisión o desarrollar una acción cada 6 meses.

La participación de los clientes en la evaluación tiene un propósito sencillo: reconocer el papel de los clientes, dándole importancia a su percepción y aprovecharla para generar los mayores beneficios para todos. Todo esto fortalecerá las condiciones de la empresa para conservar y recuperar clientes.

Mejorar con base en hechos y en la percepción del cliente

La empresa debe avanzar constantemente para alcanzar un estado superior al presente; esto le permitirá conservar la relación con sus clientes actuales y ganar nuevos. Las dos grandes referencias para esta evolución de la empresa son los hechos y la percepción del cliente.

Previamente, en este material, se abordaron estrategias donde pueden quedar asentados diversos hechos y la percepción del cliente:
- Programa de Evaluación de Resultados (hechos)
- Sistema de Atención de Incidentes (hechos y percepción)
- Programa de Reporte de las Fórmulas de Trabajo (hechos)
- Buzón Electrónico para el Cliente (hechos y percepción)
- Programa de Evaluación de los Clientes (hechos y percepción)

Los miembros de la organización capaces de tomar decisiones deben observar con atención este tipo de estos elementos. A partir de su observación podrán surgir acciones e iniciativas encaminadas a mejorar la empresa.

En todas las estrategias señaladas se identificó la posibilidad de casos donde los resultados se alejan de lo deseado y se reconoció la responsabilidad de la empresa para resolverlos. Adicionalmente, la empresa debe realizar acciones para mejorar, implementando mecanismos que eviten la presencia de aquellos casos que se alejan de lo deseado. A continuación se muestra un par de ejemplos para ilustrar la solución de un caso y la mejora de la empresa:

- Solución de un caso: Se produce una unidad defectuosa, la empresa detecta la unidad, la reemplaza y restituye al cliente cualquier afectación.
- Mejora de la empresa: La empresa identifica una condición en la línea productiva que genera defectos, corrige la configuración de la línea productiva y disminuye la presencia de defectos mensuales.

La empresa genera un impacto positivo cuando resuelve los casos adversos que presentan; sin embargo, la empresa mejora cuando impide que estos casos se vuelvan a presentar. Esto implica resolver la raíz.

Encontrar la raíz de un problema, corregirla de manera eficaz y evitar que se repita, es una tarea difícil; requiere de reflexión, trabajo y experimentación. Muchas veces se implementan medidas que fracasan o que no se pueden sostener con el paso del tiempo. No existe herramienta perfecta para encontrar soluciones definitivas; sin embargo, el trabajo cuidadoso y el conocimiento aprendido de la experimentación son activos que generarán frutos para la empresa. A continuación se listan algunas consideraciones relevantes en la búsqueda de soluciones para un problema:

- Las causas anteceden a los problemas, esto significa que las causas ocurren primero que el problema.
- Algunas causas no pueden ser controladas por la empresa, solo se puede tener planes de contingencia para reaccionar tan rápido como sea posible y minimizar sus efectos.
- En ocasiones los efectos de un problema y sus causas no son fáciles de distinguir y se pueden confundir. Es importante recordar que las causas son la fuente del problema y los

efectos son las consecuencias que se pueden apreciar de un problema que ya ocurrió.
- Las causas de los problemas observados pueden estar generando otras afectaciones o beneficios que no hemos identificado; por lo tanto, al resolver la causa de un problema se pueden generar ganancias o pérdidas adicionales.

Existe una herramienta sencilla que ayuda a buscar soluciones y entender mejor el concepto de "causa-problema"; esta herramienta es llamada "Los 5 porqués". Esta herramienta tiene un procedimiento muy sencillo:

1. Se escribe el problema observado.
2. Se escribe la pregunta "¿Por qué ocurre?", se reflexiona la respuesta y se escriben las causas identificadas.
3. Para cada causa identificada se vuelve a escribir la pregunta "¿Por qué ocurre?" y se repite el ejercicio; al terminar de realizar el ejercicio sobre cada causa se habrá repetido el ciclo una vez.
4. Después de repetir el ciclo 5 veces, se habrán identificado causas profundas; sobre las cuales se podrán implementar acciones para prevenir el problema final. Es importante mencionar que esta herramienta puede usar una cantidad diferente de "porqués", siempre que ayude a identificar causas sobre las cuales se pueda actuar oportunamente.

Las organizaciones también pueden mejorar fomentando los casos que brindan beneficios. Así como los casos negativos deben ser usados para encontrar soluciones, los casos positivos deben ser aprovechados para repetir el éxito. En los casos negativos se buscan causas y se previene su reincidencia; por otro lado, en los casos positivos se identifican factores de éxito y se toman medidas para mantener su presencia.

En los casos exitosos vale la pena identificar las condiciones que contribuyeron en el éxito y propiciar que su presencia se mantenga; algunos ejemplos de condiciones son:
- Ambiente
- Participación de actores relevantes
- Ejecución de actividades precisas
- Uso de recursos, herramientas y materias primas
- Información oportuna

La comparación entre casos positivos y negativos es un ejercicio que permite a la organización aprovechar la información disponible para generar un mayor conocimiento. Esta comparación permite identificar claramente algunas condiciones claves para el éxito y el fracaso de las operaciones.

La empresa mejora cuando logra alcanzar un estado superior al anterior. No basta con implementar acciones sobre las causas de los problemas o los factores de éxito identificados; también debe evaluar los nuevos resultados para asegurar que son superiores a los anteriores. Es necesario comparar, con claridad, los casos que se presentan antes y después de las acciones implementadas; solo así se tendrá seguridad sobre el beneficio alcanzado.

Las estrategias de mejora en la empresa deben aprovechar la información disponible y usarla para transformar su realidad. Este tipo de estrategias pueden apoyarse en un Programa de Disminución de Incidentes; dicho programa considerará puntos similares a los siguientes:

CONSERVANDO Y RECUPERANDO CLIENTES

1. Cada 6 meses el cuerpo directivo de la empresa se reunirá para observar los volúmenes de incidentes, las evaluaciones con bajas calificaciones y la retroalimentación enviada por los clientes. Derivado de la junta el cuerpo directivo determinará las siguientes acciones:
   - Una acción para reducir los incidentes más comunes.
   - Una acción para reducir la causa más frecuente de bajas calificaciones.
   - Una acción para reducir los mensajes con la queja más frecuente de los clientes.
2. El cuerpo directivo asignará un responsable para cada una de las acciones establecidas y se mantendrán disponibles para brindarle el apoyo necesario en su tarea.
3. El cuerpo directivo brindará a los responsables de las acciones acceso a la información de la empresa, esto tiene la finalidad de facilitar su tarea. Los responsables de las acciones podrán realizar las siguientes tareas con la información disponible:
   - Dimensionar el volumen de incidentes, bajas calificaciones y quejas.
   - Identificar causas de los problemas.
   - Comparar problemas con casos exitosos.
4. El cuerpo directivo se reunirá mensualmente con los responsables de las tareas; esto con la finalidad de conocer su progreso y brindarles cualquier apoyo que requieran.
5. En la siguiente junta semestral todos los responsables de las acciones presentarán los avances alcanzados y el cuerpo directivo tomará decisiones con la finalidad de maximizar los beneficios para la organización.

La mejora busca un estado superior, para beneficio de la empresa y sus clientes; esto solo se alcanza con trabajo y toma de decisiones.

Los cambios correspondientes requerirán la participación de los dirigentes de la empresa y bastante experimentación. La mejora representa un camino largo y retador, sin embargo, el trabajo y la dedicación mostrados por la empresa son observados y valorados por clientes; todo esto propicia condiciones para la permanencia y regreso de clientes.

EL CAMINO DE LA CALIDAD

Todas las acciones y estrategias abordadas en este libro son parte de la aplicación de la calidad. La calidad se dedica a cumplir las expectativas de clientes sobre los productos y servicios de las organizaciones; para esto se basa en 4 elementos:
- Entregar valor, mediante productos y servicios que cumplen con las expectativas.
- Ser confiable, con fórmulas de trabajo claras y vigiladas que brindan resultados consistentes.
- Brindar certeza, a través de información que permite conocer la realidad y destacar los hechos relevantes.
- Adaptarse a las necesidades, a través de decisiones y acciones acordes con cambios y nuevas posibilidades.

Los cuatro elementos de la calidad tienen potencial para contribuir en la construcción de soluciones para las empresas y sus clientes; por ello son pertinentes con los problemas planteados en este material:
- La empresa debe lograr el aprecio de los clientes...
    - acordando con ellos las expectativas más importantes.
    - diseñando productos y servicios afines con sus expectativas.

- entregándoles productos y servicios que cumplen su diseño.
- La empresa debe evitar quejas...
    - estableciendo fórmulas de trabajo que funcionen.
    - atendiendo los incidentes que se presenten.
    - brindando certeza sobre las actividades que realiza.
- La empresa debe recuperar a sus clientes...
    - con una comunicación que brinde soluciones.
    - correspondiendo al juicio que tienen sobre ella.
    - mejorando al solucionar inconformidades y asegurando el éxito.

La afinidad entre los 4 elementos de la calidad y la solución de problemas no parece ser exclusiva; esto significa que un elemento de la calidad puede tener un impacto en varios problemas de la empresa, al mismo tiempo que un problema de la empresa puede resolverse con diversos elementos de la calidad.

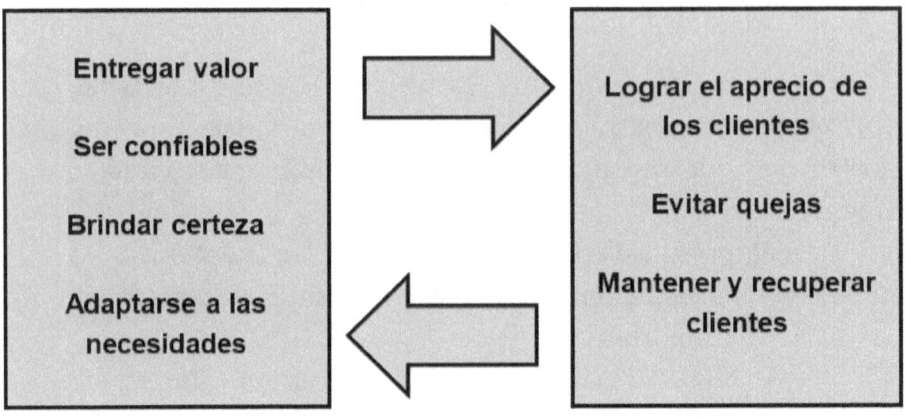

CONSERVANDO Y RECUPERANDO CLIENTES

La calidad (incluidos sus cuatro elementos) requiere la iniciativa y liderazgo de la organización en su implementación; esto se debe a la inversión de recursos que representa y a la necesidad de una perspectiva amplia para ponderar su evolución. Los resultados obtenidos, en términos inmediatos, pueden diferir de lo presupuestado; sin embargo el avance concretado puede representar una gran contribución para los objetivos de gran alcance de la organización.

Todas las estrategias presentadas en este material tienen sus particularidades; sin embargo, coinciden en la dedicación de trabajo y la integración de múltiples participantes. Esto se debe al papel de la calidad para propiciar un comportamiento pertinente que contribuya en el cumplimiento de las expectativas.

El camino de la calidad es largo y lleno de retos pero también presenta mucha satisfacción; cuenta con ideas valiosas y herramientas útiles, pero no tiene soluciones únicas ni universales. Este camino debe llevar la organización a entender mejor la realidad y comportarse acordemente para cumplir las expectativas correspondientes.

Le deseo todo el éxito en las acciones que emprenda para que su empresa y sus clientes obtengan los mayores beneficios. Por motivos de calidad le expreso mi apertura para recibir retroalimentación que me ayude a mejorar este contenido, con gusto atenderé sus comentarios y sugerencias en la dirección: lenriquediazh@gmail.com.

www.ingramcontent.com/pod-product-compliance
Lightning Source LLC
Chambersburg PA
CBHW030521220526
45463CB00007B/2662